学校 - skole   2
旅行 - rejse   5
交通运输 - transport   8
城市 - by   10
地形 - landskab   14
餐馆 - restaurant   17
超市 - supermarked   20
饮料 - drikkevarer   22
食物 - mad   23
农场 - bondegård   27
房子 - hus   31
客厅 - stue   33
厨房 - køkken   35
浴室 - badeværelse   38
儿童房 - børneværelse   42
衣服 - tøj   44
办公室 - kontor   49
经济 - økonomi   51
职业 - erhverv   53
工具 - værktøj   56
乐器 - musikinstrumenter   57
动物园 - zoo   59
体育 - sport   62
活动 - aktiviteter   63
家 - familie   67
身体 - krop   68
医院 - sygehus   72
紧急情况 - nødstilfælde   76
地球 - Jorden   77
钟表 - ur   79
周 - uge   80
年 - år   81
形状 - former   83
颜色 - farver   84
反义词 - modsætninger   85
数字 - tal   88
语言 - sprog   90
谁/什么/怎样 - hvem / hvad / hvordan   91
方位 - hvor   92

Impressum
Verlag: BABADADA GmbH, Nedderfeld 112 , 22529 Hamburg
Geschäftsführer / Verlagsleitung: Harald Hof
Druck: Books on Demand GmbH, In de Tarpen 42, 22848 Norderstedt

Imprint
Publisher: BABADADA GmbH, Nedderfeld 112 , 22529 Hamburg, Germany
Managing Director / Publishing direction: Harald Hof
Print: Books on Demand GmbH, In de Tarpen 42, 22848 Norderstedt, Germany

学校
skole

除
dividere

186/2

黑板
tavle

教室
klasseværelse

校园
skolegård

老师
lærer

纸
papir

钢笔
pen

书写
skrive

办公桌
skrivebord

直尺
lineal

书
bog

学生
elev

书包

skoletaske

铅笔盒

penalhus

铅笔

blyant

卷笔刀

blyantspidser

橡皮擦

viskelæder

画板

tegneblok

图画
tegning

画笔
pensel

颜料盒
æske med vandfarver

剪刀
saks

胶水
lim

练习册
opgavehefte

家庭作业
lektie

12

数字
tal

2+2

加
addere

5-2

减
subtrahere

2×2

乘
multiplicere

计算
regne

A

字母
bogstav

ABCDEFG
HIJKLMN
OPQRSTU
VWXYZ

字母表
alfabet

字
ord

课文

tekst

读

læse

粉笔

kridt

上课

time

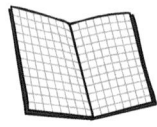

登记

klasseprotokol

考试

eksamen

证书

karakterbog

校服

skoleuniform

教育

uddannelse

百科全书

leksikon

大学

universitet

显微镜

mikroskop

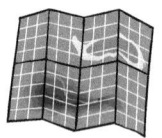

地图

kort

废纸筐

papirkurv

旅行

rejse

酒店
hotel
Grand
青年旅社
herberg
ROOMS
外币兑换处
vekselkontor
CHANGE
手提箱
kuffert
汽车
bil

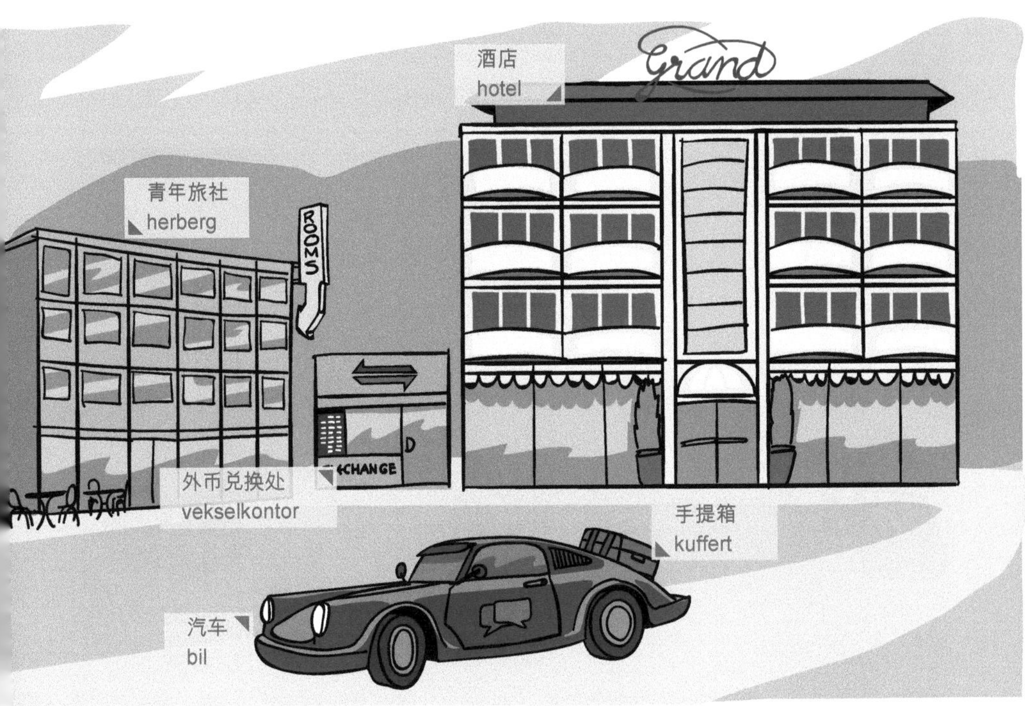

语言

sprog

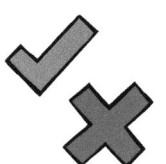

是/否

ja / nej

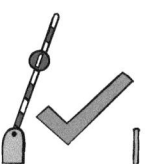

好的

okay

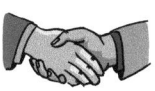

您好

hej

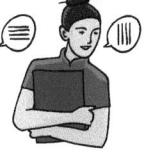

翻译员

oversætter

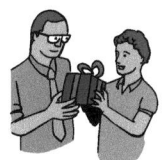

谢谢

tak

......多少钱？

hvad koster...?

我不明白

Jeg forstår ikke

问题

problem

晚上好！

God aften!

早上好！

God morgen!

晚安！

God nat!

再见

farvel

方向

retning

行李

bagage

包

taske

双肩包

rygsæk

客人

gæst

房间

værelse

睡袋

sovepose

帐篷

telt

旅游信息

turistinformation

海滩

strand

信用卡

kreditkort

早餐

morgenmad

午餐

middagsmad

晚餐

aftensmad

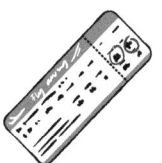

票

billet

电梯

elevator

邮票

frimærke

边界

grænse

海关

told

大使馆

ambassade

签证

visum

护照

pas

交通运输

transport

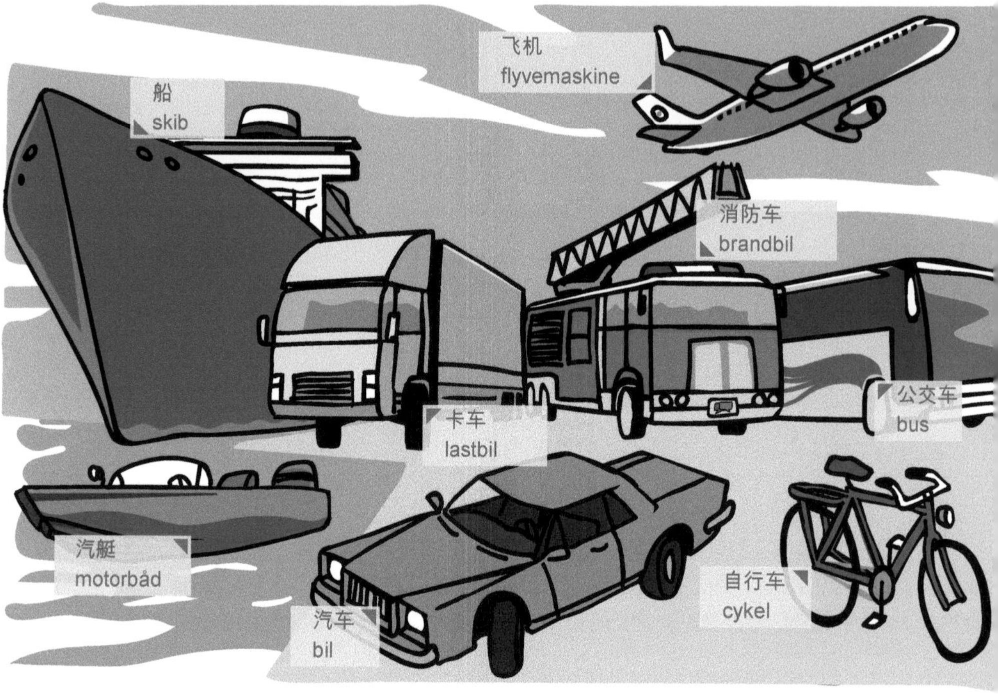

飞机
flyvemaskine
船
skib
消防车
brandbil
公交车
bus
卡车
lastbil
汽艇
motorbåd
自行车
cykel
汽车
bil

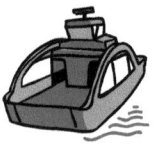

摆渡船

færge

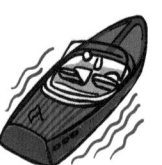

小船

båd

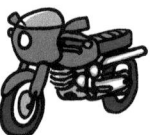

摩托车

motorcykel

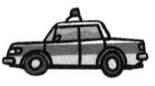

警车

politibil

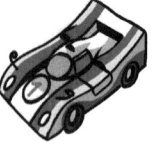

赛车

racerbil

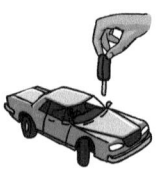

租车

lejebil

拼车

samkørsel

拖车

kranbil

垃圾车

skraldebil

发动机

motor

汽油

benzin

加油站

tankstation

交通标志

trafikskilt

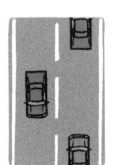

交通

trafik

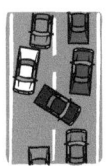

交通堵塞

trafikprop

停车场

parkeringsplads

火车站

banegård

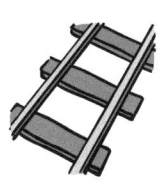

轨道

skinner

火车

tog

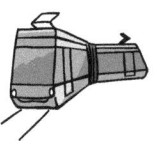

电车

sporvogn

货车

wagon

交通运输 - transport

直升机

helikopter

机场

lufthavn

塔

tårn

乘客

passager

集装箱

container

纸板箱

karton

手推车

kærre

篮子

kurv

起飞/降落

starte / lande

城市

by

村庄

landsby

市中心

bymidte

房子

hus

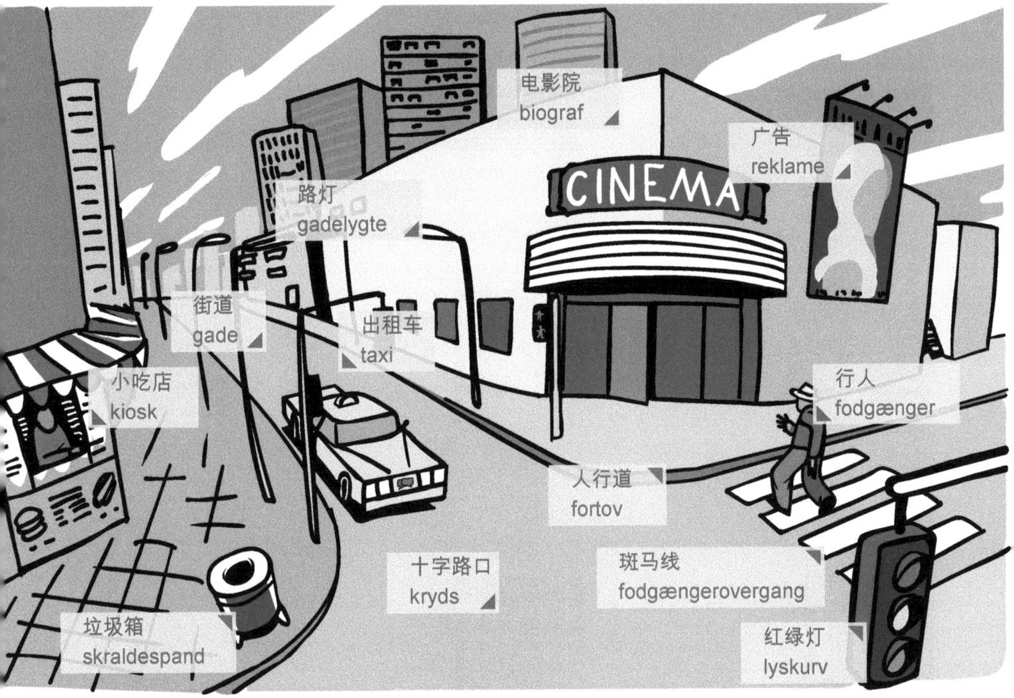

CINEMA
电影院
biograf
广告
reklame
路灯
gadelygte
街道
gade
出租车
taxi
小吃店
kiosk
行人
fodgænger
人行道
fortov
十字路口
kryds
斑马线
fodgængerovergang
垃圾箱
skraldespand
红绿灯
lyskurv

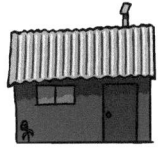

小屋

hytte

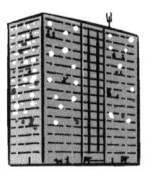

公寓

lejlighed

火车站

banegård

市政厅

rådhus

MUSEUM

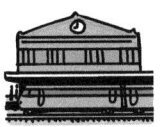

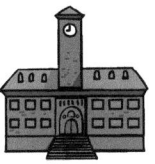

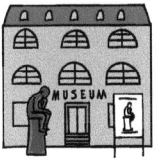

博物馆

museum

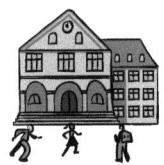

学校

skole

大学
universitet

银行
bank

医院
sygehus

酒店
hotel

药房
apotek

办公室
kontor

书店
boghandel

商店
butik

花店
blomsterbutik

超市
supermarked

市场
marked

百货商店
stormagasin

鱼店
fiskehandler

购物中心
butikscenter

海港
havn

公园
park

长凳
bænk

桥
bro

楼梯
trappe

地铁
undergrundsbane

隧道
tunnel

公交车站
busstoppested

酒吧
barnevogn

餐馆
restaurant

邮筒
postkasse

路标
vejskilt

停车计时器
parkometer

动物园
zoo

游泳馆
badeanstalt

清真寺
moske

农场
bondegård

污染
miljøforurening

墓地
kirkegård

教堂
kirke

操场
legeplads

寺庙
tempel

地形
landskab

树叶
blad

指示牌
vejviser

路
vej

草地
eng

石头
sten

树
træ

徒步旅行者
vandrer

河
flod

草
græs

花
blomst

峡谷

dal

山

bjerg

湖

sø

森林

skov

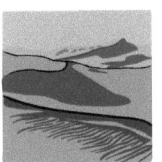

沙漠

ørken

火山

vulkan

城堡

slot

彩虹

regnbue

蘑菇

svamp

棕榈树

palme

蚊子

moskito

苍蝇

flue

蚂蚁

myre

蜜蜂

bi

蜘蛛

edderkop

甲虫

bille

青蛙

frø

松鼠

egern

刺猬

pindsvin

野兔

hare

猫头鹰

ugle

鸟

fugl

天鹅

svane

野猪

vildsvin

鹿

hjort

麋鹿

elg

水坝

dæmning

风力发电机

vindmølle

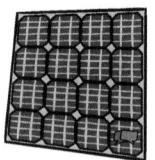

太阳能电池板

solcellemodul

气候

klima

餐馆

restaurant

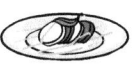

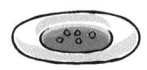

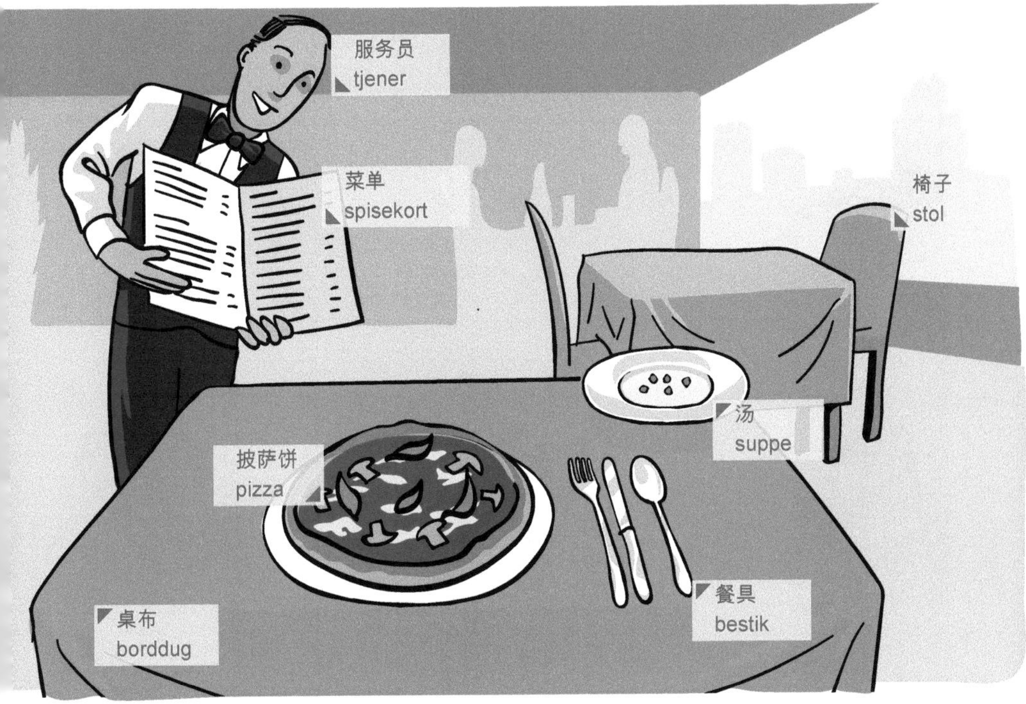

服务员
tjener
菜单
spisekort
椅子
stol
汤
suppe
披萨饼
pizza
餐具
bestik
桌布
borddug

前菜

forret

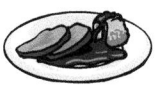

主菜

hovedret

甜点

dessert

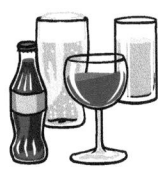

饮料

drikkevarer

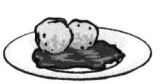

食物

mad

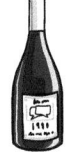

瓶子

flaske

快餐

fastfood

街边小吃

streetfood

茶壶

tekande

糖盒

sukkerdåse

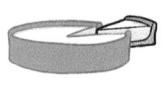

一份饭菜

portion

意式咖啡机

espressomaskine

高脚椅

barnestol

账单

faktura

托盘

tablet

刀

kniv

餐叉

gaffel

勺子

ske

茶匙

teske

餐巾

serviet

玻璃杯

glas

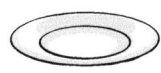

碟子
tallerken

汤盘
dyb tallerken

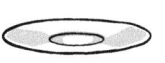

碟子
underkop

酱
sovs

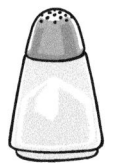

盐瓶
saltbøsse

胡椒磨
peberkværn

醋
eddike

食用油
olie

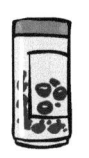

调味料
krydderier

番茄酱
ketchup

芥末
sennep

蛋黄酱
mayonnaise

超市

supermarked

特价
tilbud
FOR
顾客
kunde
乳制品
mælkeprodukter
水果
frugt
购物车
indkøbsvogn

BUTCHERS

肉铺

slagter

BAKERY

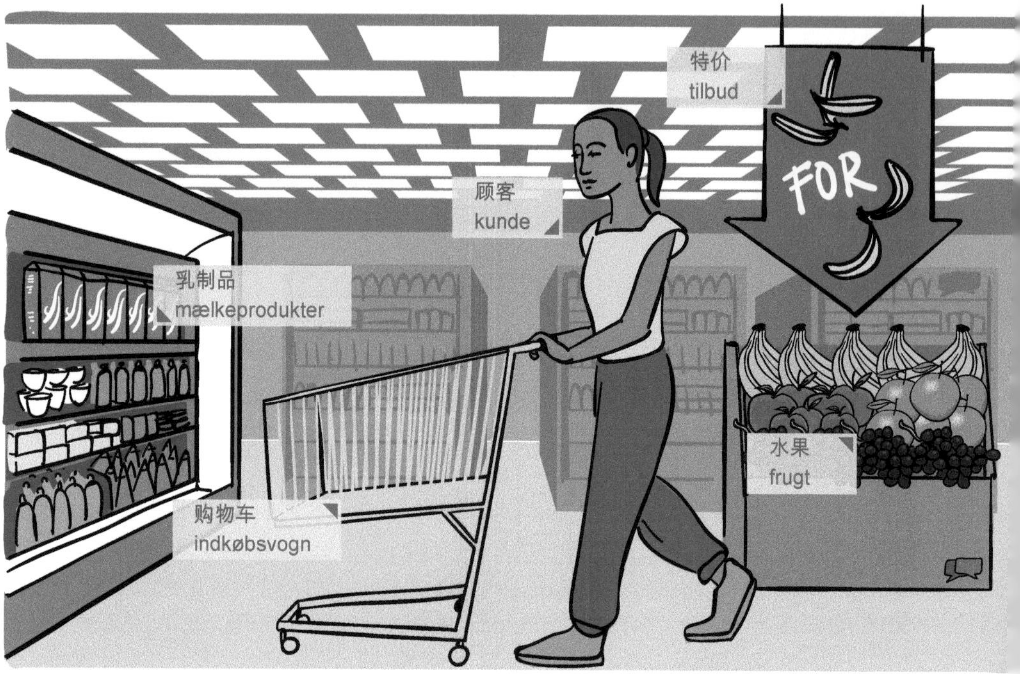

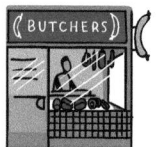

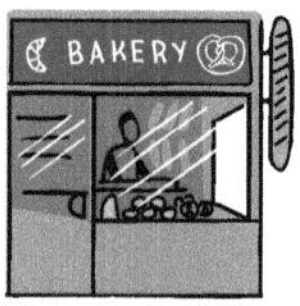

面包房

bageri

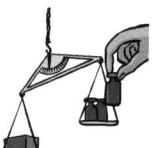

称重

veje

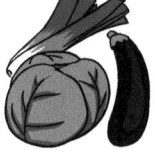

蔬菜

grøntsager

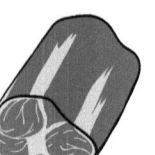

肉

kød

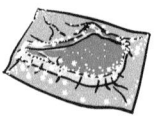

冷冻食品

frostvarer

冷盘

pålæg

罐头食品

konserves

洗衣粉

vaskemiddel

甜食

slik

日用品

husholdningsvarer

清洁用品

rengøringsmidler

销售员

ekspedient

收银机

kasse

收银员

kasserer

购物清单

indkøbsliste

开放时间

åbningstider

钱包

tegnebog

信用卡

kreditkort

袋子

taske

塑料袋

plasticpose

水

vand

果汁

saft

牛奶

mælk

可乐

cola

红酒

vin

啤酒

øl

酒

alkohol

可可

kakao

茶

te

咖啡

kaffe

意式浓缩咖啡

espresso

卡布奇诺

cappuccino

香蕉

banan

苹果

æble

橙子

appelsin

西瓜

melon

柠檬

citron

胡萝卜

gulerod

大蒜

hvidløg

竹子

bambus

洋葱

løg

蘑菇

svamp

坚果

nødder

面条

nudler

意大利面条

spaghetti

米饭

ris

沙拉

salat

薯条

pomfritter

炸土豆

stegte kartofler

披萨饼

pizza

汉堡包

hamburger

三明治

sandwich

炸猪排

schnitzel

火腿

skinke

萨拉米

salami

香肠

pølse

鸡肉

kylling

烤肉

steg

鱼

fisk

燕麦片

havregryn

穆兹利

mysli

玉米片

cornflakes

面粉

mel

羊角面包

croissant

面包卷

rundstykke

面包

brød

烤面包

toast

饼干

kiks

黄油

smør

凝乳

kvark

蛋糕

kage

蛋

æg

煎蛋

spejlæg

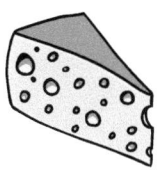

奶酪

ost

冰激凌

is

糖

sukker

蜂蜜

honning

果酱

marmelade

巧克力酱

nougat-creme

咖喱饭

karry

农场
bondegård

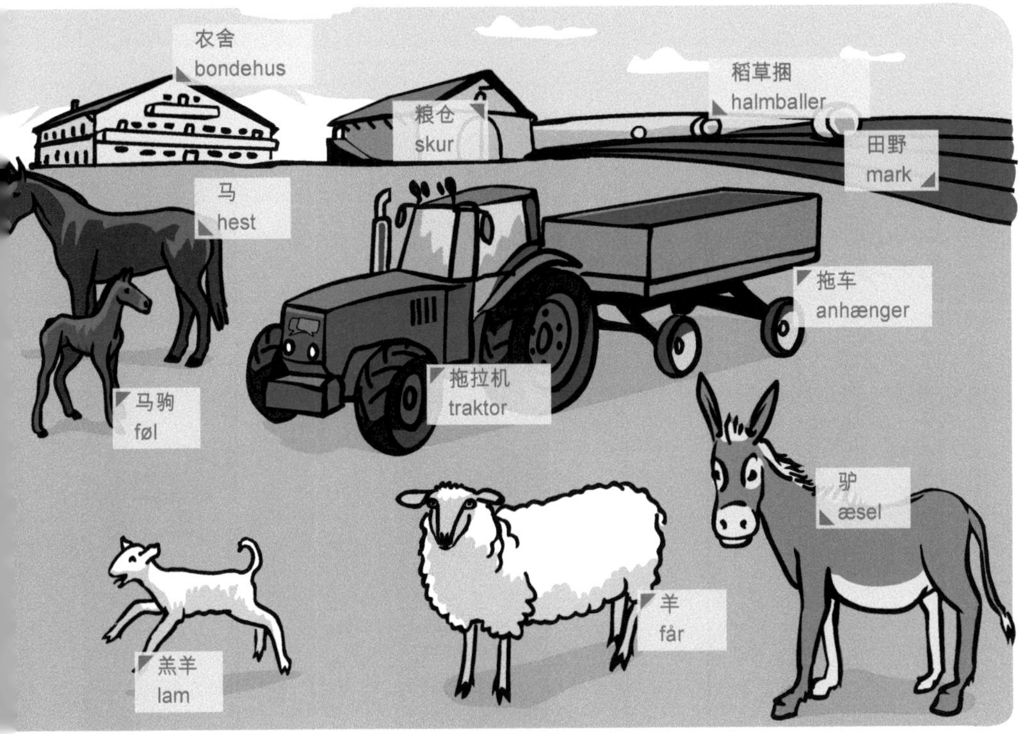

农舍
bondehus
粮仓
skur
稻草捆
halmballer
田野
mark
马
hest
拖车
anhænger
拖拉机
traktor
马驹
føl
驴
æsel
羊
får
羔羊
lam

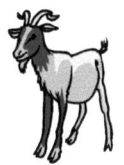

山羊

ged

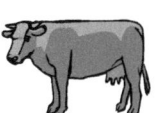

奶牛

ko

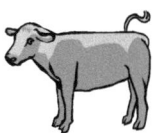

牛犊

kalv

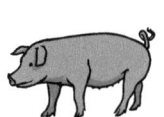

猪

svin

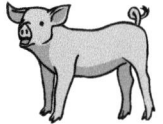

小猪

gris

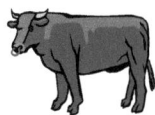

公牛

tyr

鹅

gås

鸭

and

小鸡

kylling

母鸡

høne

公鸡

hane

鼠

rotte

猫

kat

老鼠

mus

牛

okse

狗

hund

狗屋

hundehus

花园浇水软管

haveslange

洒水壶

vandkande

长柄大镰刀

le

犁

plov

镰刀

segl

锄头

hakkejern

长柄草耙

møggreb

斧头

økse

独轮手推车

trillebør

饲料槽

trug

牛奶罐

mælkekande

麻布袋

sæk

栅栏

hæk

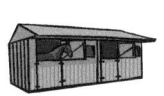

马厩

stald

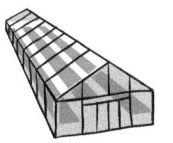

温室

drivhus

土壤

jord

种子

frø

肥料

gødning

联合收割机

mejetærsker

收割

høste

收割

høst

山药

yams

小麦

hvede

大豆

soja

土豆

kartoffel

玉米

majs

油菜籽

raps

果树

frugttræ

树薯

maniok

谷物

korn

房子
hus

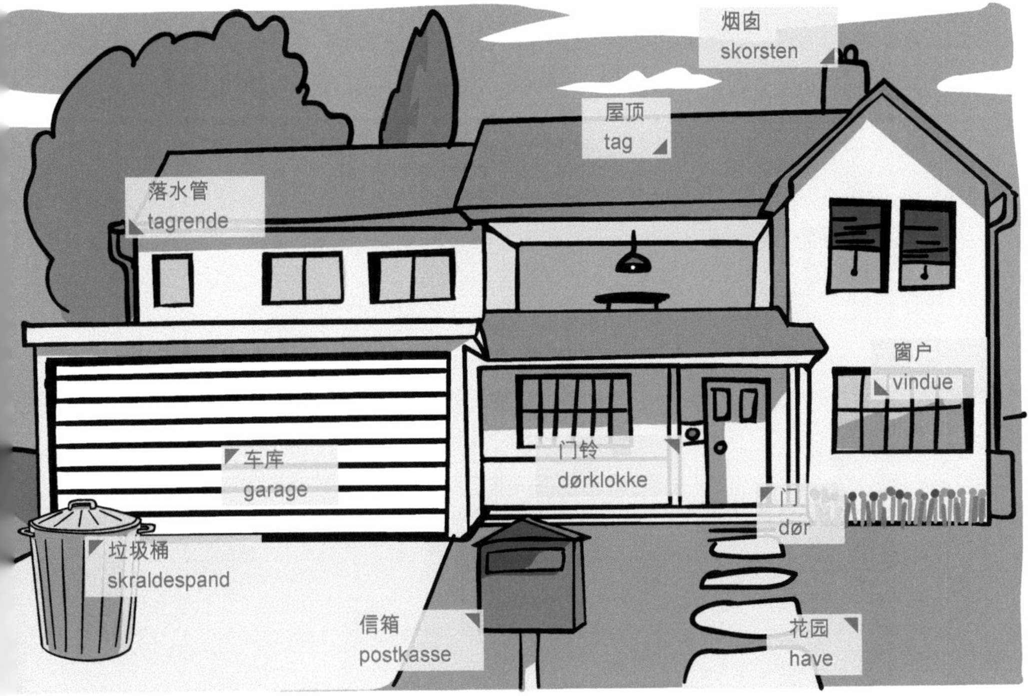
烟囱
skorsten
屋顶
tag
落水管
tagrende
窗户
vindue
车库
garage
门铃
dørklokke
门
dør
垃圾桶
skraldespand
信箱
postkasse
花园
have

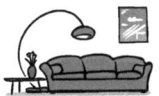

客厅

stue

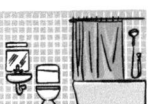

浴室

badeværelse

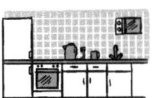

厨房

køkken

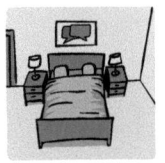

卧室

soveværelse

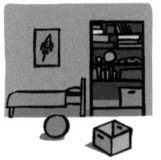

儿童房

børneværelse

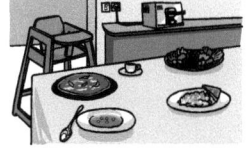

餐厅

spisestue

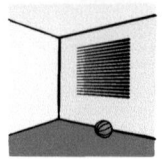

地板

gulv

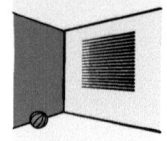

墙壁

væg

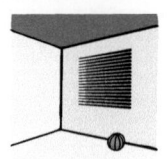

吊顶

loft

地窖

kælder

桑拿

sauna

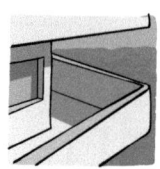

阳台

altan

露台

terrasse

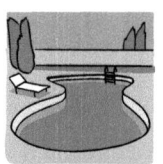

游泳池

svømmehal

割草机

plæneklipper

被单

dynebetræk

床罩

dyne

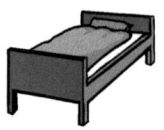

床

seng

扫帚

kost

水桶

spand

开关

kontakt

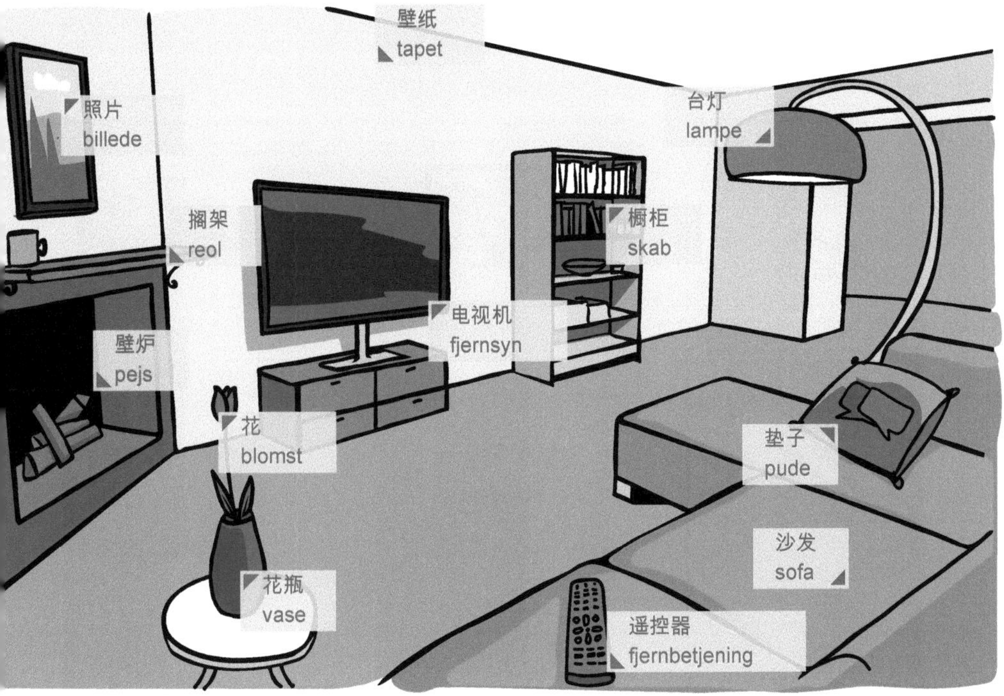

壁纸
tapet

照片
billede

台灯
lampe

搁架
reol

橱柜
skab

壁炉
pejs

电视机
fjernsyn

花
blomst

垫子
pude

花瓶
vase

沙发
sofa

遥控器
fjernbetjening

地毯
gulvtæppe

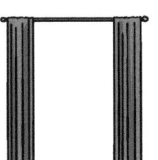

窗帘
gardin

餐桌
bord

椅子
stol

摇椅
gyngestol

扶手椅
lænestol

书
bog

毯子
tæppe

装饰品
dekoration

木柴
brænde

电影
film

高保真音响
stereoanlæg

钥匙
nøgle

报纸
avis

油画
maleri

海报
plakat

收音机
radio

笔记本
notesblok

吸尘器
støvsuger

仙人掌
kaktus

蜡烛
lys

厨房
køkken

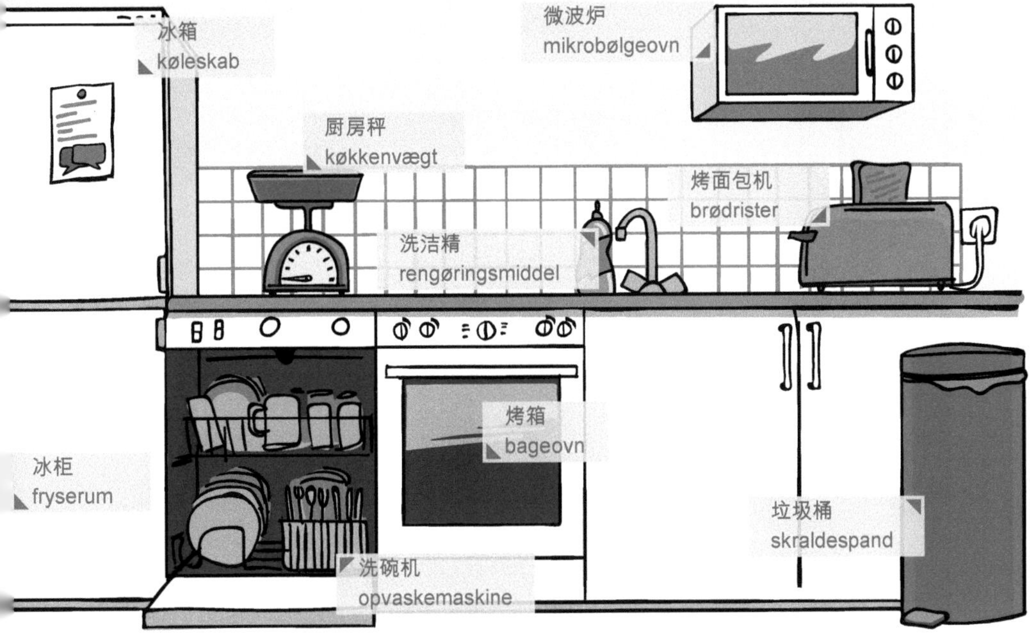

冰箱
køleskab
微波炉
mikrobølgeovn
厨房秤
køkkenvægt
烤面包机
brødrister
洗洁精
rengøringsmiddel
烤箱
bageovn
冰柜
fryserum
垃圾桶
skraldespand
洗碗机
opvaskemaskine

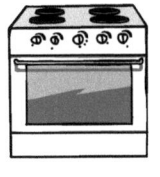

炊具
komfur

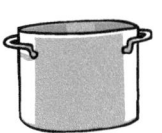

锅
gryde

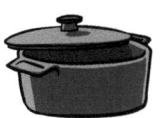

铸铁锅
jerngryde

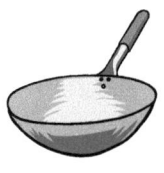

炒锅
wok / kadai

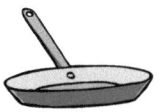

平底锅
pande

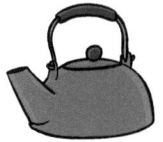

水壶
elkedel

蒸锅

dampkoger

烤盘

bageplade

陶瓷锅

service

马克杯

bæger

碗

skål

筷子

spisepinde

长柄勺

øseske

铲子

paletkniv

搅拌器

piskeris

滤网

dørslag

筛子

si

磨碎机

rive

研钵

morter

烧烤

grille

明火

ildsted

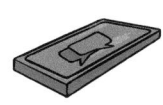

菜板

skærebræt

擀面杖

kagerulle

开瓶器

proptrækker

罐子

dåse

开罐器

dåseåbner

隔热手套

grydelap

水槽

køkkenvask

刷子

børste

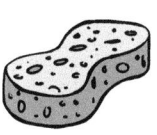

海绵

svamp

搅拌机

blender

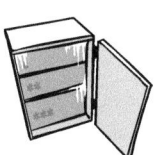

冷藏箱

dybfryser

奶瓶

sutteflaske

水龙头

vandhane

浴室

badeværelse

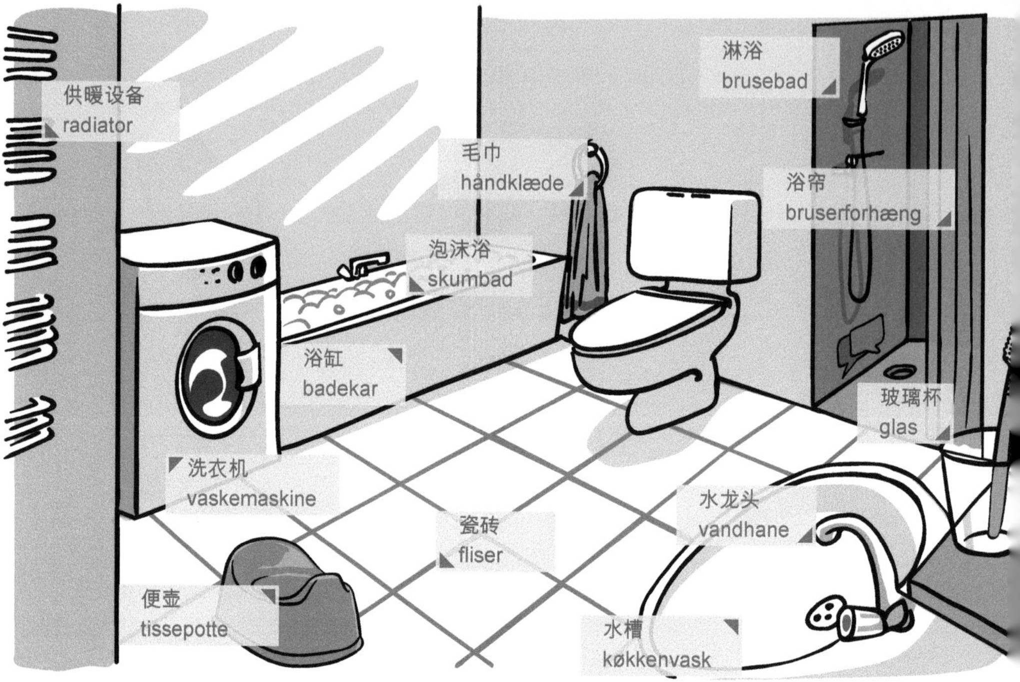

供暖设备
radiator
淋浴
brusebad
毛巾
håndklæde
浴帘
bruserforhæng
泡沫浴
skumbad
浴缸
badekar
玻璃杯
glas
洗衣机
vaskemaskine
水龙头
vandhane
瓷砖
fliser
便壶
tissepotte
水槽
køkkenvask

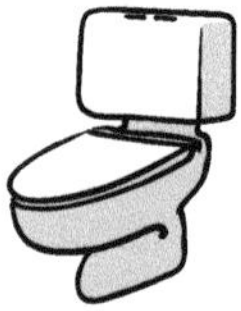

厕所

toilet

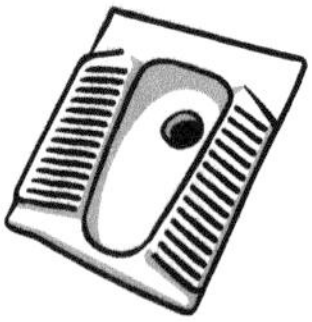

蹲便器

hugsiddende toilet

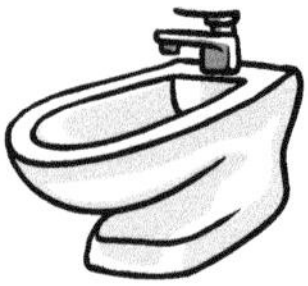

坐浴器

bidet

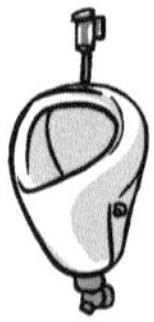

小便池

pissoir

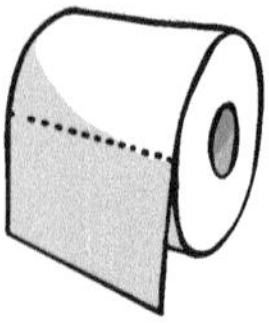

厕纸

toiletpapir

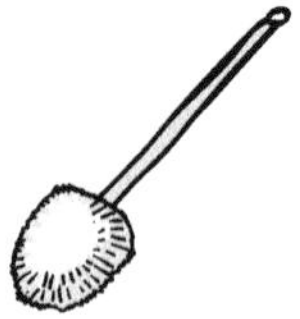

马桶刷

toiletbørste

牙刷

tandbørste

牙膏

tandpasta

牙线

tandtråd

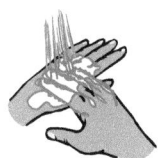

洗

vaske

手持式喷淋头

håndbruser

冲洗器

intimbruser

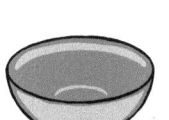

洗脸盆

vaskefad

擦背刷

badebørste

肥皂

sæbe

沐浴露

brusegele

洗发水

shampoo

法兰绒

vaskeklud

排水

afløb

乳霜

creme

除臭剂

deodorant

浴室 - badeværelse

镜子
spejl

手镜
kosmetikspejl

剃须刀
barberhøvl

剃须泡沫
barberskum

须后水
barbervand

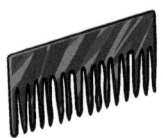

梳子
kam

刷子
børste

吹风机
hårtørrer

喷发定型剂
hårspray

化妆品
makeup

唇膏
læbestift

指甲油
neglelak

化妆棉
vat

指甲剪
neglesaks

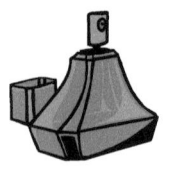

香水
parfume

洗漱包

toilettaske

凳子

skammel

计重秤

vægt

浴袍

badekåbe

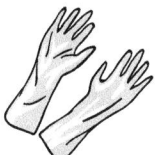

橡胶手套

gummihandsker

卫生棉条

tampon

卫生巾

damebind

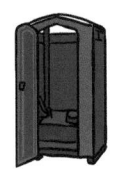

化学厕所

kemisk toilet

儿童房
børneværelse

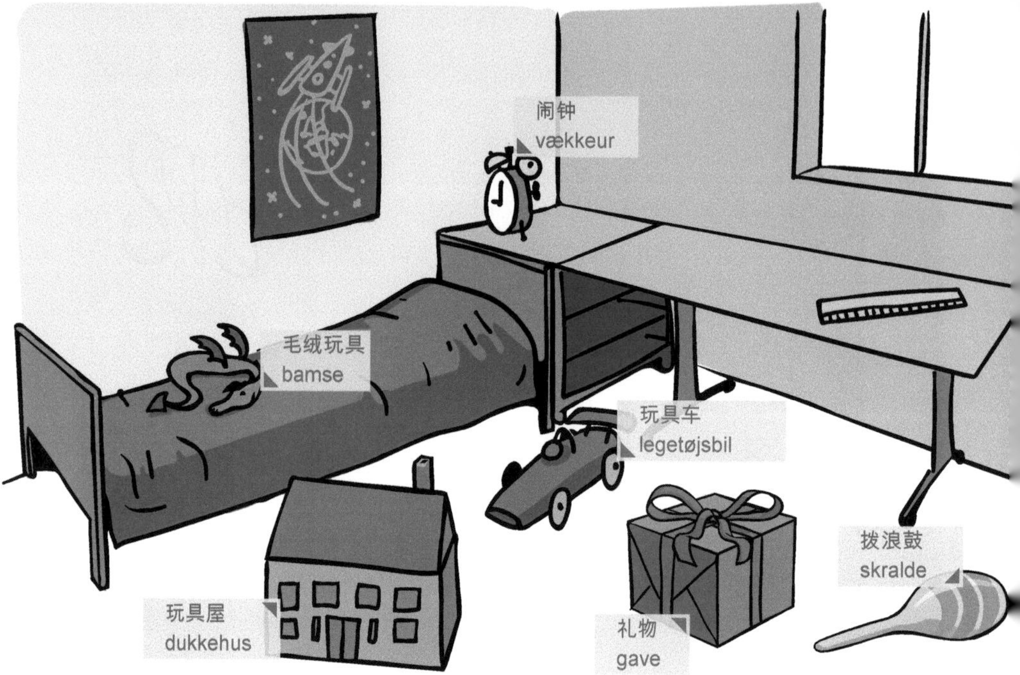

闹钟
vækkeur
毛绒玩具
bamse
玩具车
legetøjsbil
拨浪鼓
skralde
玩具屋
dukkehus
礼物
gave

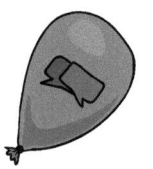

气球

ballon

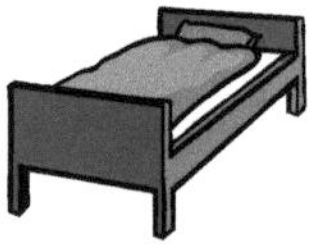

床

seng

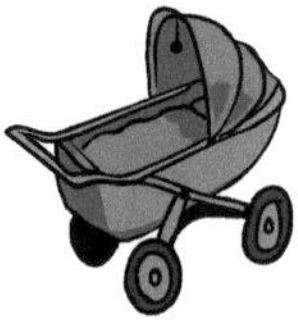

（洋娃娃用）婴儿车

barnevogn

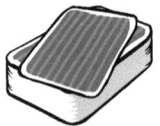

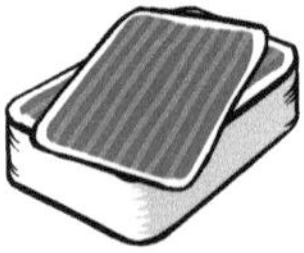

扑克牌

kortspil

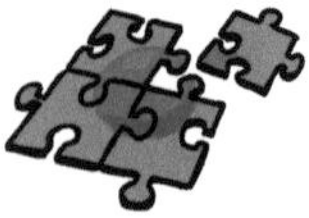

拼图

puslespil

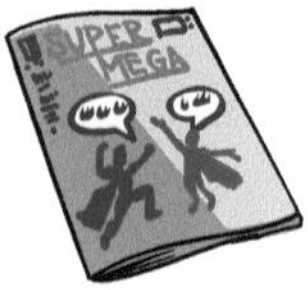

SUPER MEGA

漫画

tegneserie

乐高积木

legoklodser

积木玩具

byggeklodser

玩具人

action figur

婴儿服

sparkedragt

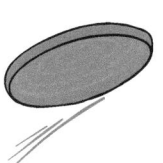

飞盘

frisbee

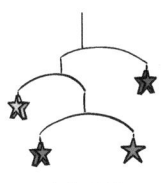

床铃玩具

uro

棋盘游戏

brætspil

骰子

terning

火车模型

modeljernbane

安抚奶嘴

sut

聚会

fest

绘本

billedbog

球

bold

洋娃娃

dukke

玩

lege

沙坑

sandkasse

秋千

gynge

玩具

legetøj

游戏机

spillekonsol

三轮车

trehjulet cykel

泰迪熊

bamse

衣柜

klædeskab

衣服

tøj

袜子

sokker

长袜

strømper

紧身裤

strømpebukser

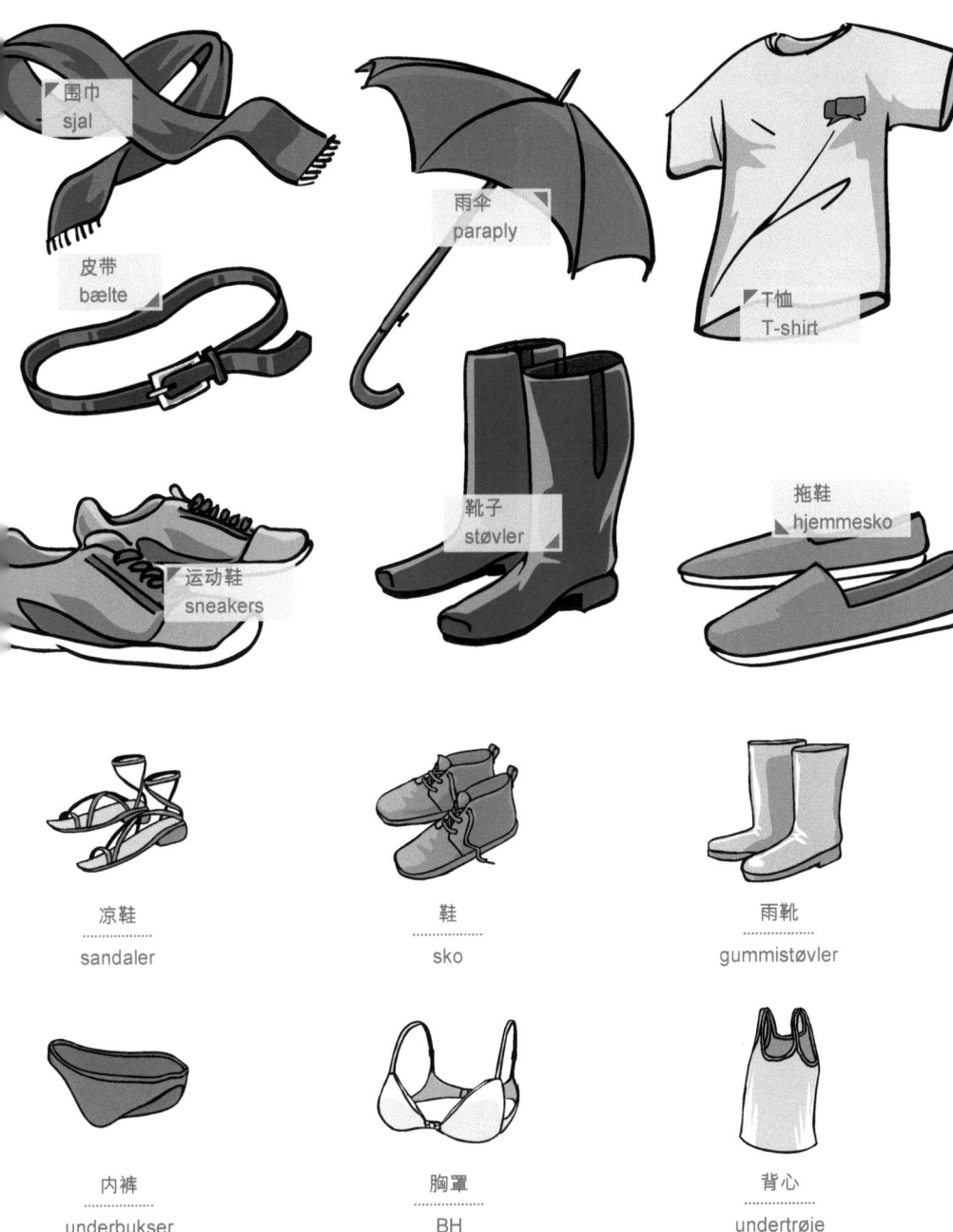

围巾
sjal

雨伞
paraply

T恤
T-shirt

皮带
bælte

靴子
støvler

拖鞋
hjemmesko

运动鞋
sneakers

凉鞋
sandaler

鞋
sko

雨靴
gummistøvler

内裤
underbukser

胸罩
BH

背心
undertrøje

衣服 - tøj

45

身体
body

裤子
bukser

牛仔裤
jeans

短裙
nederdel

女式衬衫
bluse

衬衫
skjorte

套头衫
pullover

卫衣
sweatshirt

西装夹克
blazer

夹克
jakke

外套
frakke

雨衣
regnfrakke

套装
kostume

连衣裙
kjole

婚纱
brudekjole

西装

jakkesæt

睡袍

nattrøje

睡衣

pyjamas

莎丽

sari

头巾

hovedtørklæde

包头巾

turban

波卡

burka

卡夫坦

kaftan

(阿拉伯式)长袍

abaya

泳衣

badedragt

男式泳裤

badebukser

短裤

korte bukser

运动服

træningsdragt

围裙

forklæde

手套

handsker

纽扣
knap

眼镜
briller

手链
armbånd

项链
kæde

戒指
ring

耳环
ørering

便帽
hue

衣架
bøjle

帽子
hat

领带
slips

拉链
lynlås

头盔
hjelm

背带
seler

校服
skoleuniform

制服
uniform

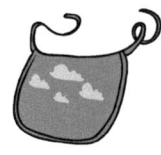

围兜

hagesmæk

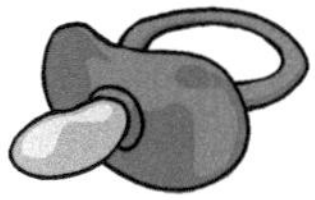

安抚奶嘴

sut

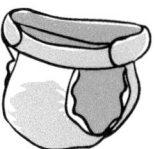

尿不湿

ble

办公室

kontor

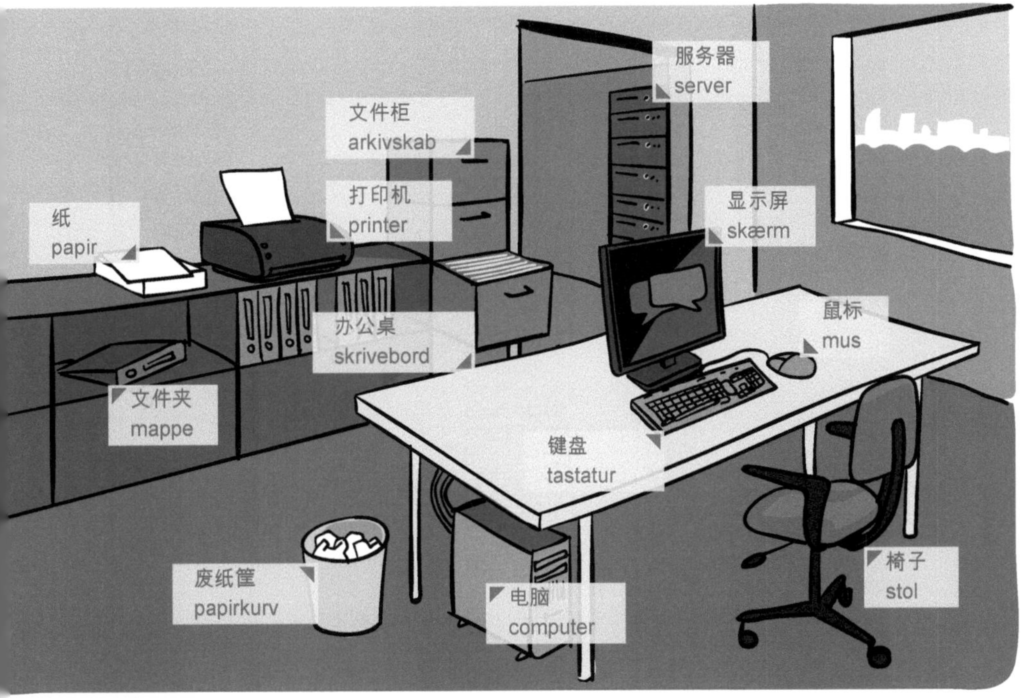

服务器
server
文件柜
arkivskab
打印机
printer
纸
papir
显示屏
skærm
鼠标
mus
办公桌
skrivebord
文件夹
mappe
键盘
tastatur
废纸篓
papirkurv
电脑
computer
椅子
stol

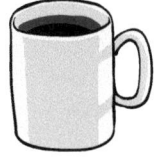

咖啡杯

kaffekrus

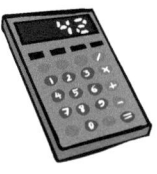

计算器

lommeregner

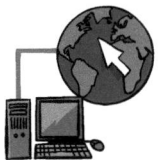

因特网

internet

笔记本电脑
bærbar

信件
brev

消息
besked

手机
mobil

网络
netværk

复印机
kopimaskine

软件
software

电话
telefon

插座
stikdàse

传真机
fax

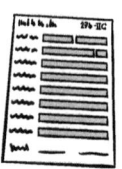

表格
formular

文件
dokument

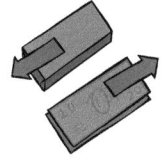

买

købe

付钱

betale

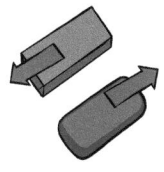

交易

handle

现金

penge

美元

dollar

欧元

euro

JPY

日元

yen

RUB

卢布

rubel

CHF

瑞士法郎

schweizerfranc

CNY

人民币

renminbi yuan

INR

卢比

rupee

提款处

hæveautomat

外币兑换处
vekselkontor

金
guld

银
sølv

石油
olie

能源
energi

价格
pris

合同
kontrakt

税金
skat

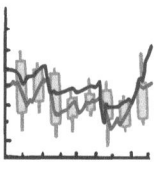

股票
aktie

工作
arbejde

职员
ansat

老板
arbejdsgiver

工厂
fabrik

商店
butik

警官
politimand

消防员
brandmand

厨师
kok

医生
læge

飞行员
pilot

园丁
gartner

木匠
tømrer

裁缝
syerske

法官
dommer

化学家
kemiker

演员
skuespiller

公交车司机

buschauffør

出租车司机

taxachauffør

渔夫

fisker

清洁女工

rengøringskone

屋顶工

tagdækker

服务员

tjener

猎人

jæger

画家

maler

面包师

bager

电工

elektriker

建筑工人

bygningsarbejder

工程师

ingeniør

屠夫

slagter

水管工

vvs-mand

邮递员

postbud

士兵

soldat

建筑师

arkitekt

收银员

kasserer

花农

blomsterhandler

理发师

frisør

售票员

togfører

机械师

mekaniker

船长

kaptajn

牙医

tandlæge

科学家

videnskabsmand

拉比

rabbiner

伊玛目

imam

和尚

munk

牧师

præst

工具

værktøj

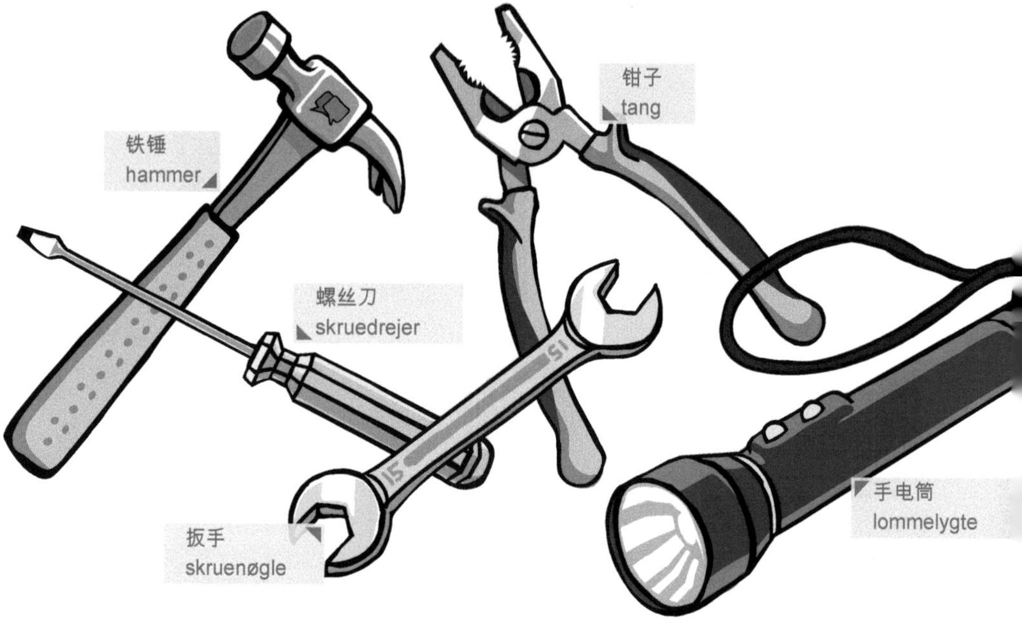
钳子
tang
铁锤
hammer
螺丝刀
skruedrejer
手电筒
lommelygte
扳手
skruenøgle

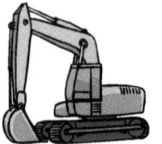

挖掘机

gravemaskine

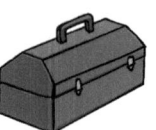

工具箱

værktøjskasse

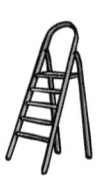

梯子

stige

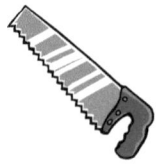

锯子

sav

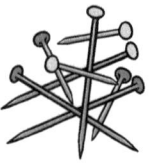

钉子

søm

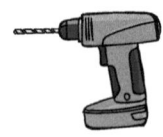

钻机

bor

修
reparere

铲子
skovl

靠！
Lort!

簸箕
fejebakke

油漆桶
malerspand

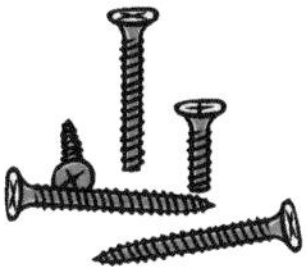

螺丝
skruer

乐器
musikinstrumenter

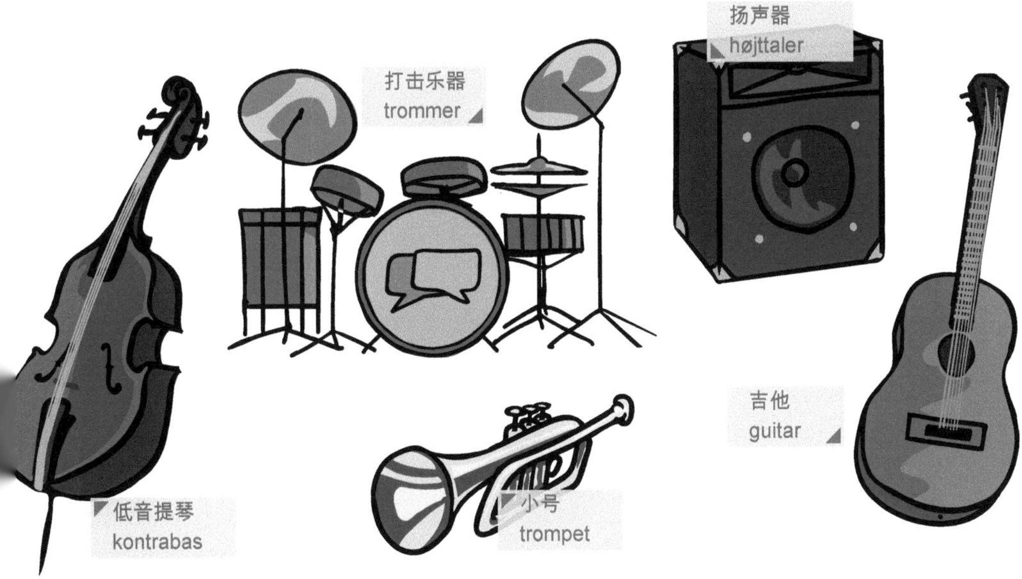

扬声器
højttaler

打击乐器
trommer

吉他
guitar

低音提琴
kontrabas

小号
trompet

钢琴

klaver

小提琴

violin

贝斯

bas

定音鼓

pauke

鼓

tromme

电子琴

keyboard

萨克斯管

saxofon

长笛

fløjte

麦克风

mikrofon

动物园

ZOO

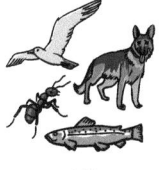

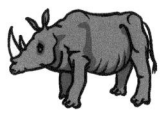

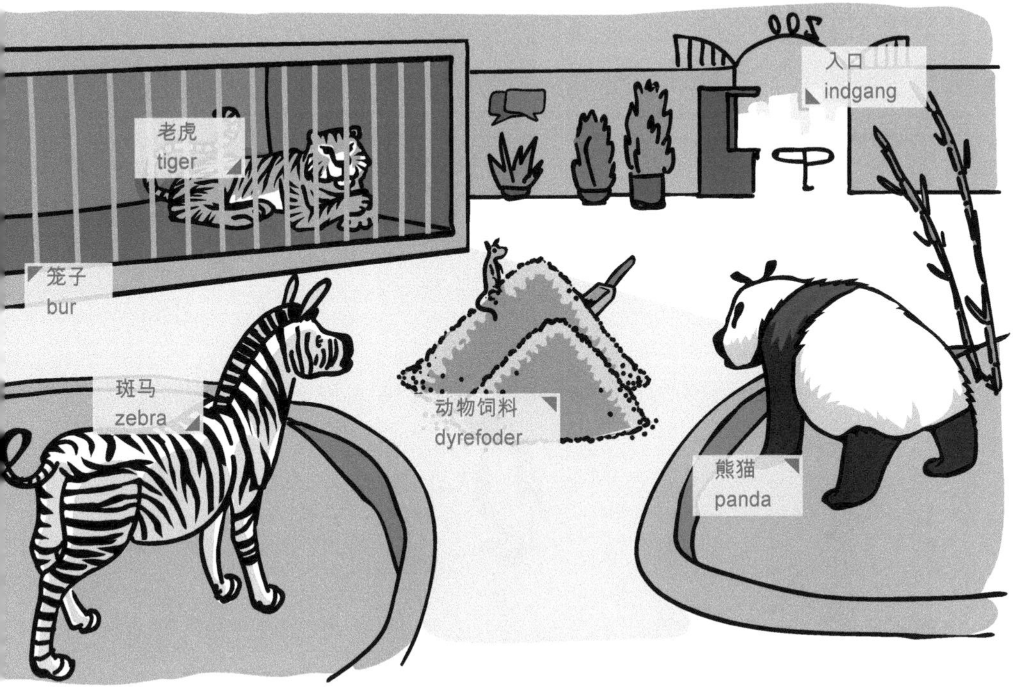
老虎
tiger
入口
indgang
笼子
bur
斑马
zebra
动物饲料
dyrefoder
熊猫
panda

动物

dyr

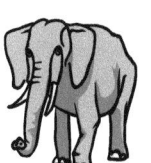

大象

elefant

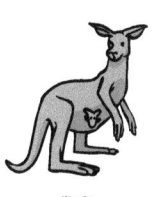

袋鼠

kænguru

犀牛

næsehorn

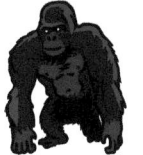

大猩猩

gorilla

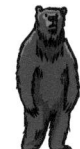

熊

bjørn

骆驼

kamel

蛇鸟

struds

狮子

løve

猴子

abe

火烈鸟

flamingo

鹦鹉

papegøje

北极熊

isbjørn

企鹅

pingvin

鲨鱼

haj

孔雀

påfugl

蛇

slange

鳄鱼

krokodille

动物园管理员

dyrepasser

海豹

sæl

美洲豹

jaguar

矮种马

pony

豹

leopard

河马

flodhest

长颈鹿

giraf

老鹰

ørn

野猪

vildsvin

鱼

fisk

龟

skildpadde

海象

hvalros

狐狸

ræv

羚羊

gazelle

橄榄球
amerikansk football

骑自行车
cykling

网球
tennis

篮球
basketball

游泳
svømning

冰球
ishockey

拳击
boksning

英式足球
fodbold

羽毛球
badminton

田径
atletik

手球
håndbold

滑雪
skiløb

马球
polo

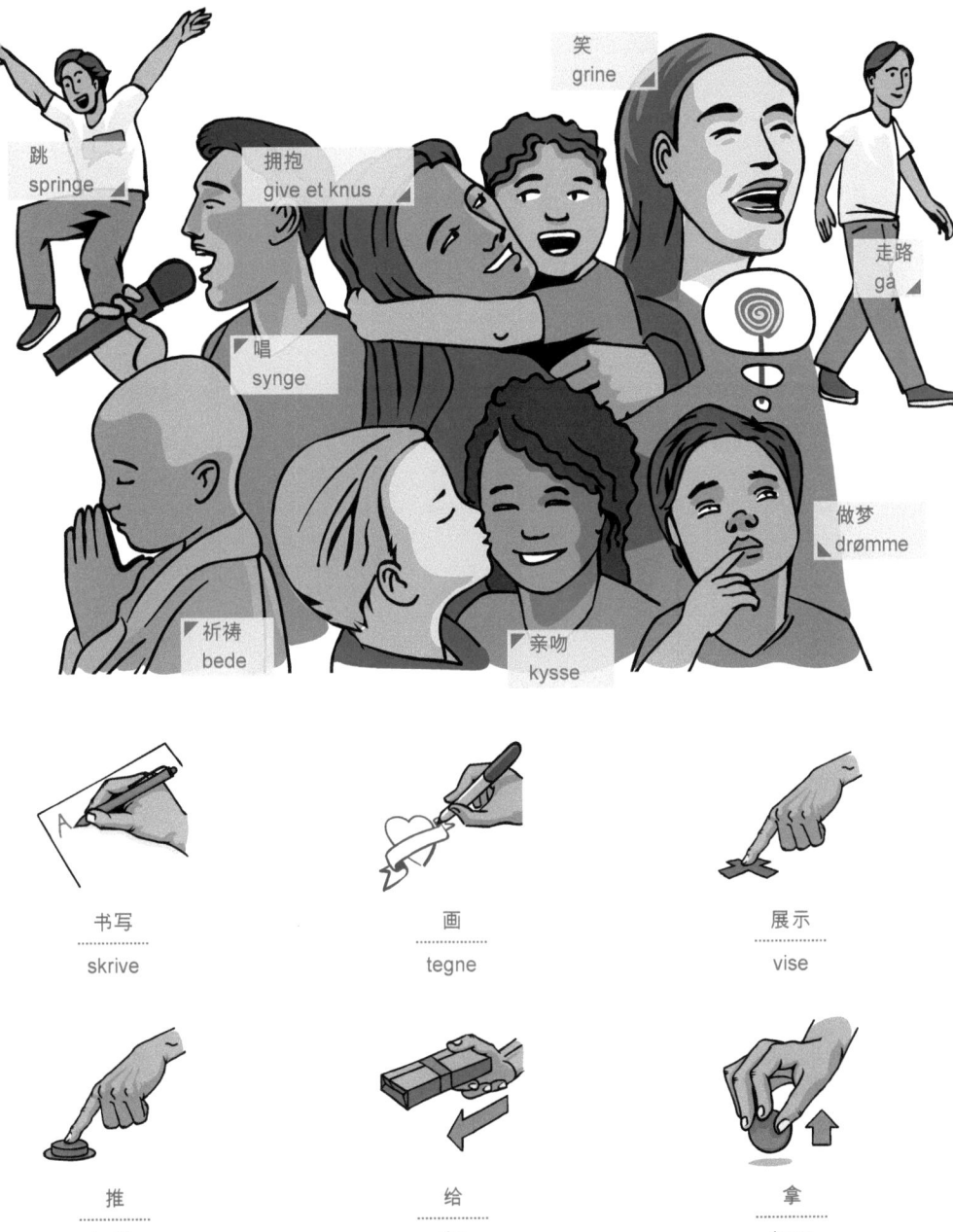

跳
springe

拥抱
give et knus

笑
grine

走路
gå

唱
synge

祈祷
bede

亲吻
kysse

做梦
drømme

书写	画	展示
skrive	tegne	vise

推	给	拿
skubbe	give	tage

有
have

做
gøre

当
være

站
stå

跑
løbe

拉
trække

扔
kaste

摔倒
falde

躺
ligge

等待
vente

携带
bære

坐
sidde

穿衣
tage på

睡觉
sove

醒来
vågne

看
se på

哭
græde

抚摸
ae

梳头
kæmme

交谈
tale

明白
forstå

问
spørge

听
høre

喝
drikke

吃
spise

清理
rydde op

爱
elske

做饭
koge

开车
køre

飞
flyve

航行
sejle

计算
regne

读
læse

学习
lære

工作
arbejde

结婚
gifte sig med

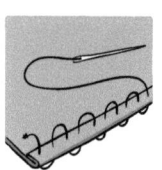

缝
sy

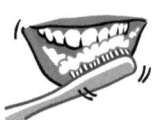

刷牙
børste tænder

杀
dræbe

抽烟
ryge

寄
sende

familie

祖母
bedstemor

祖父
bedstefar

父亲
far

母亲
mor

婴童
baby

女儿
datter

儿子
søn

客人
gæst

阿姨
tante

叔叔
onkel

兄弟
bror

姐妹
søster

身体
krop

前额
pande
眼睛
øje
肩膀
skulder
手指
finger
脸
ansigt
下巴
hage
手
hånd
腿
ben
乳房
bryst
手臂
arm

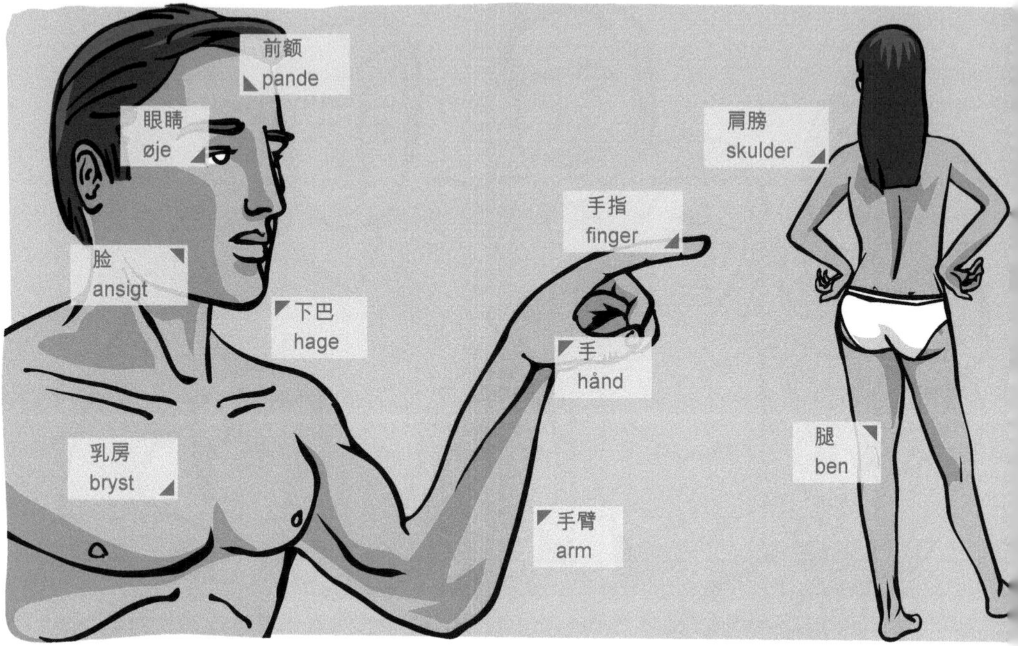

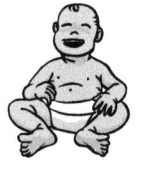

婴童
baby

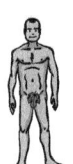

男人
mand

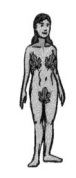

女人
kvinde

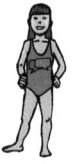

女孩
pige

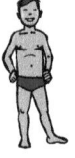

男孩
dreng

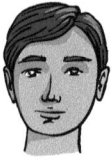

头
hoved

背部
ryg

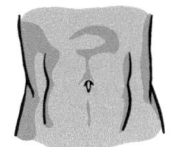

肚子
mave

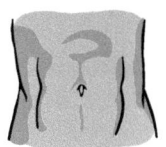

肚脐
navle

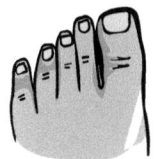

脚趾
tå

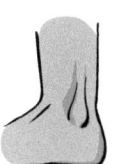

脚后跟
hæl

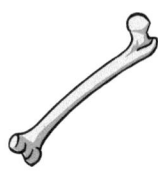

骨头
knogle

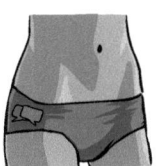

臀部
hofte

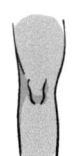

膝盖
knæ

手肘
albue

鼻子
næse

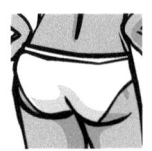

屁股
bagdel

皮肤
hud

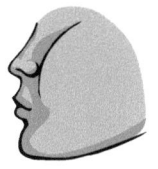

脸颊
kind

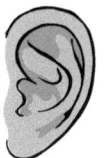

耳朵
øre

嘴唇
læbe

嘴
mund

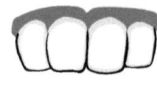

牙齿
tand

舌头
tunge

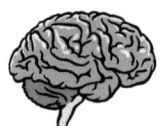

脑
hjerne

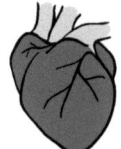

心脏
hjerte

肌肉
muskel

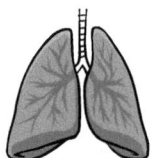

肺
lunge

肝脏
lever

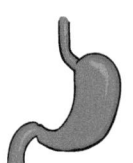

胃
mavesæk

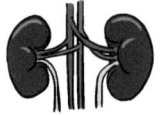

肾脏
nyrer

性交
sex

避孕套
kondom

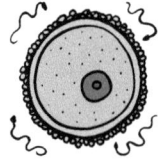

卵子
ægcelle

精子
sperm

怀孕
svangerskab

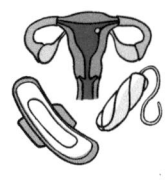

月经

menstruation

阴道

vagina

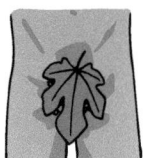

阴茎

penis

眉毛

øjenbryn

头发

hår

脖子

hals

身体 - krop

医院

sygehus

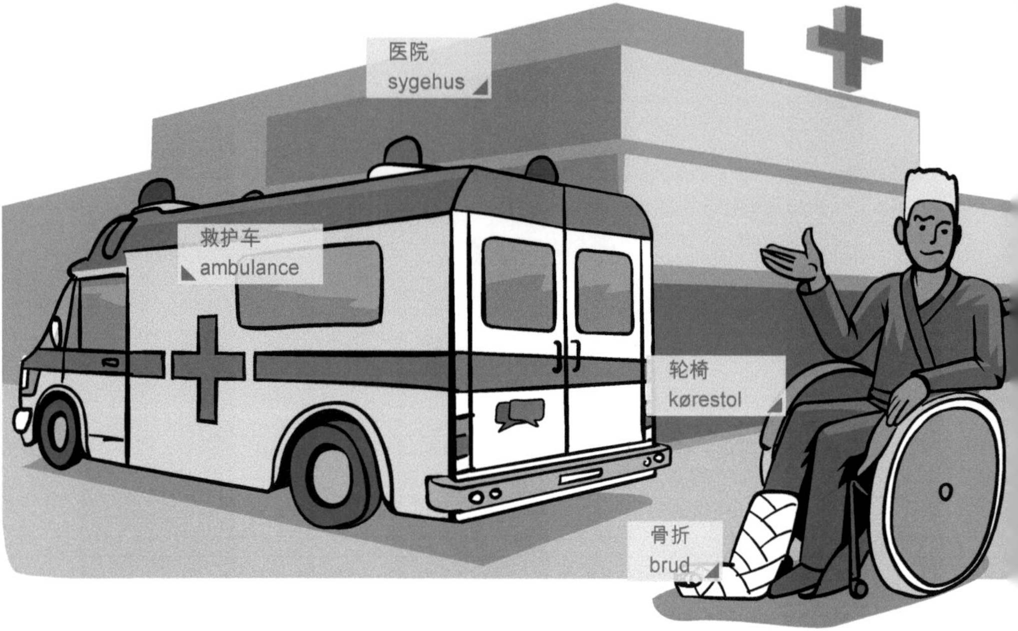

医院
sygehus
救护车
ambulance
轮椅
kørestol
骨折
brud

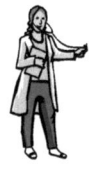

医院生

læge

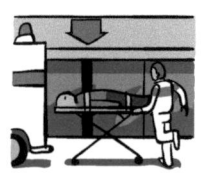

急诊室

akutmodtagelse

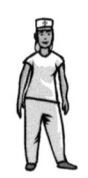

护士

sygeplejerske

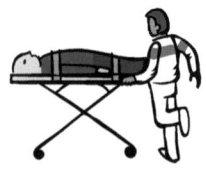

紧急情况

nødstilfælde

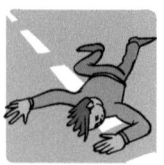

昏迷

bevidstløs

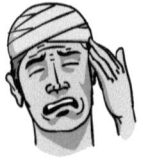

痛

smerte

受伤

skade

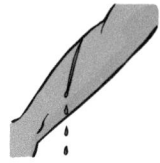

出血

blødning

心脏病发作

hjerteinfarkt

中风

slagtilfælde

过敏

allergi

咳嗽

hoste

发烧

feber

流感

influenza

腹泻

diarré

头痛

hovedpine

癌症

kræft

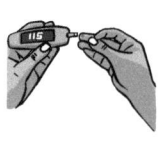

糖尿病

diabetes

外科医生

kirurg

手术刀

skalpel

手术

operation

医院 - sygehus

CT
CT

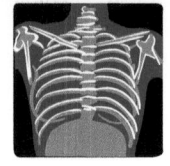

X光
røntgen

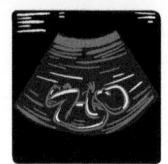

超声波
ultralyd

口罩
maske

疾病
sygdom

候诊室
venteværelse

拐杖
krykke

石膏
plaster

绷带
forbinding

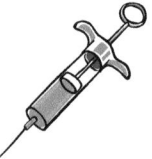

注射
injektion

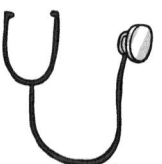

听诊器
stetoskop

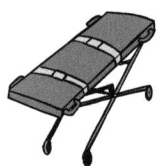

担架
båre

体温计
termometer

出生
fødsel

超重
overvægt

助听器

høreapparat

消毒液

desinficerende middel

感染

infektion

病毒

virus

艾滋病

HIV / AIDS

药物

medicin

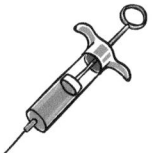

接种疫苗

vaccination

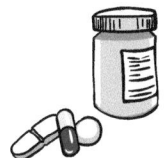

药片

tabletter

药丸

pille

急救电话

nødopkald

血压计

blodtryksmåler

生病/健康

syg / rask

救命！

Hjælp!

警报

alarm

突击

overfald

攻击

angreb

危险

fare

紧急出口

nødudgang

着火啦！

Det brænder!

灭火器

ildslukker

意外

uheld

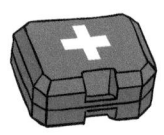

急救箱

førstehjælps-kuffert

呼救信号

SOS

警察

politi

欧洲

Europa

北美洲

Nordamerika

南美洲

Sydamerika

非洲

Afrika

亚洲

Asien

澳洲

Australien

大西洋

Atlanterhavet

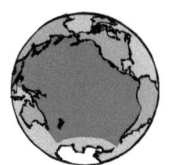

太平洋

Stillehavet

印度洋

Indiske Ocean

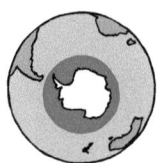

南冰洋

Sydlige Ishav

北冰洋

Ishav

北极

Nordpol

南极
Sydpol

南极洲
Antarktis

地球
Jorden

陆地
land

海
hav

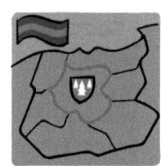

岛
ø

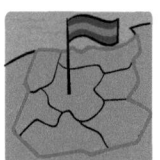

国家
nation

国家
stat

钟面

urskive

时针

timeviser

分针

minutviser

秒针

sekundviser

现在几点？

Hvad er klokken?

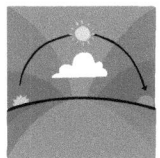

天

dag

时间

tid

现在

nu

电子表

digitalur

分

minut

时

time

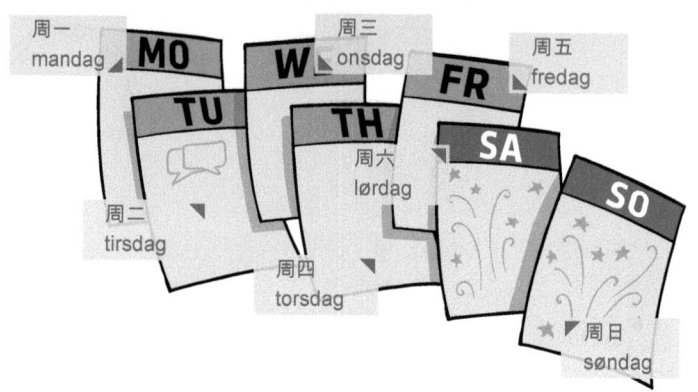

周一 mandag · 周三 onsdag · 周五 fredag · 周二 tirsdag · 周四 torsdag · 周六 lørdag · 周日 søndag

昨天

i går

今天

i dag

明天

i morgen

早晨

morgen

中午

middag

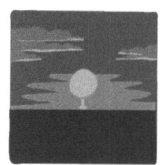

晚上

aften

工作日

arbejdsdage

周末

weekend

雨
regn

彩虹
regnbue

风
vind

雪
sne

春
forår

秋
efterår

夏
sommer

冬
vinter

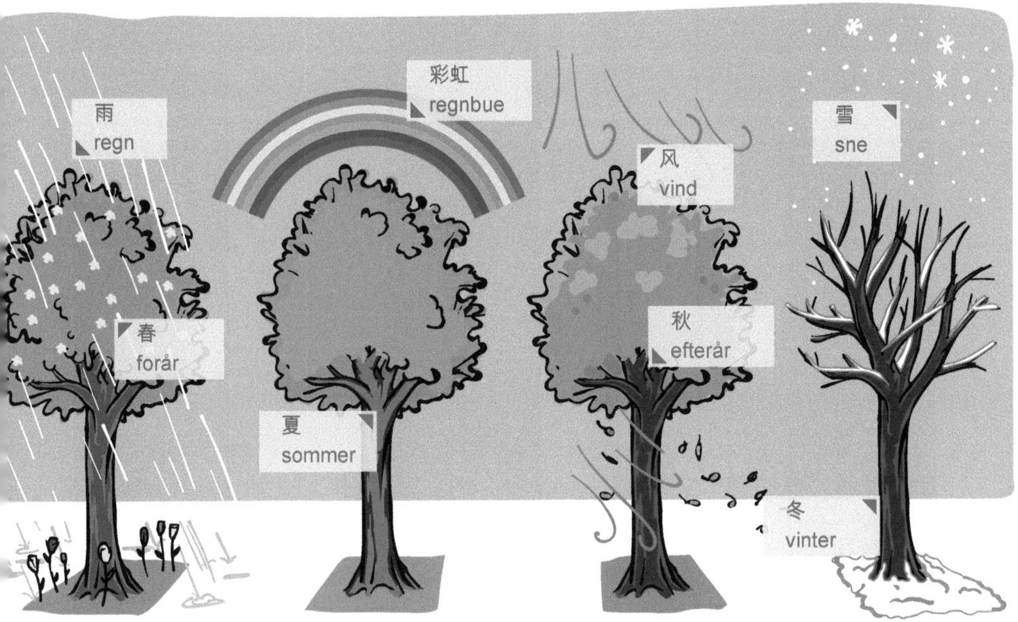

天气预报

vejrudsigt

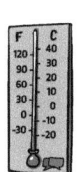

温度计

termometer

阳光

solskin

云

sky

雾

tåge

潮湿

luftfugtighed

闪电

lyn

打雷

torden

风暴

storm

冰雹

hagl

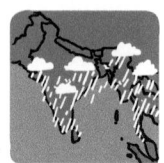

季风

monsun

洪水

flod

冰

is

一月

januar

二月

februar

三月

marts

四月

april

五月

maj

六月

juni

七月

juli

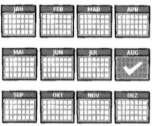

八月

august

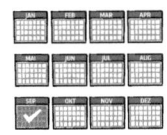

九月
....
september

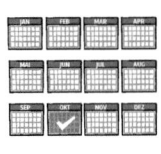

十月
....
oktober

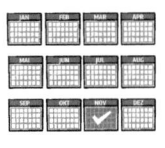

十一月
....
november

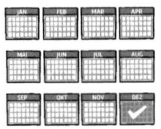

十二月
....
december

形状

former

圆形
....
cirkel

正方形
....
kvadrat

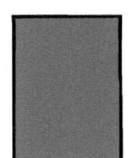

长方形
....
firkant

三角形
....
trekant

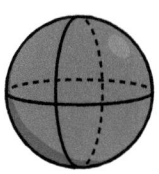

球体
....
kugle

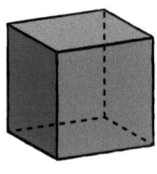

立方体
....
terning

白

hvid

黄

gul

橙

orange

粉

pink

红

rød

紫

lilla

蓝

blå

绿

grøn

棕

brun

灰

grå

黑

sort

很多/少许

meget / lidt

生气/平静

rasende / fredelig

美/丑

smuk / grim

首/尾

begyndelse / slut

大/小

stor / lille

明/暗

lys / mørk

兄弟/姐妹

bror / søster

干净/肮脏

ren / snavset

完整/缺失

fuldkommen / ufuldkommen

白天/晚上

dag / nat

死/生

død / levende

宽/窄

bred / smal

可食用/非食用
spiselig / uspiselig

邪恶/善良
vred / venlig

兴奋/无聊
ophidset / kedet

胖/瘦
tyk / tynd

第一/最后
først / sidst

朋友/敌人
ven / fjende

满/空
fuld / tom

硬/软
hård / blød

重/轻
tung / let

饿/渴
sult / tørst

生病/健康
syg / rask

非法/合法
illegal / legal

聪明/愚笨
intelligent / dum

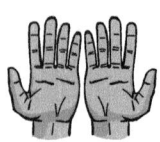

左/右
venstre / højre

近/远
nær / fjern

新/旧

ny / brugt

没有/有些

intet / noget

老/幼

gammel / ung

开/关

tændt / slukket

打开/合上

åben / lukket

安静/吵闹

stille / højt

富/穷

rig / fattig

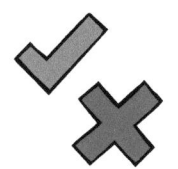

对/错

rigtig / forkert

粗糙/光滑

ru / glat

伤心/高兴

ked af det / lykkelig

短/长

kort / lang

慢/快

langsom / hurtig

湿/干

våd / tør

温暖/凉爽

varm / kold

战争/和平

krig / fred

数字

0

零

nul

1

一

en

2

二

to

3

三

tre

4

四

fire

5

五

fem

6

六

seks

7

七

syv

8

八

otte

9

九

ni

10

十

ti

11

十一

elleve

12
十二
tolv

13
十三
tretten

14
十四
fjorten

15
十五
femten

16
十六
seksten

17
十七
sytten

18
十八
atten

19
十九
nitten

20
二十
tyve

100
百
hundrede

1.000
千
tusinde

1.000.000
百万
million

英语

engelsk

美式英语

amerikansk engelsk

普通话

kinesisk mandarin

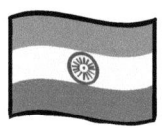

印地语

hindi

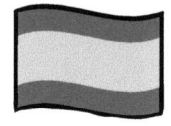

西班牙语

spansk

法语

fransk

阿拉伯语

arabisk

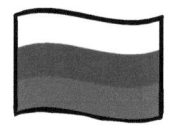

俄语

russisk

葡萄牙语

portugisisk

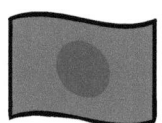

孟加拉语

bengalsk

德语

tysk

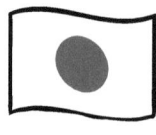

日语

japansk

我

jeg

你

du

他/她/它

han / hun / den / det

我们

vi

你们

I

他们

de

谁？

hvem?

什么？

hvad?

怎样？

hvordan?

哪里？

hvor?

什么时候？

hvornår?

名字

navn

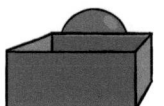

后面

bag

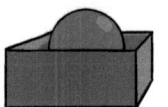

里面

i

前面

foran

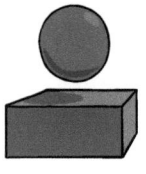

上方

over

上面

på

下面

under

旁边

ved siden af

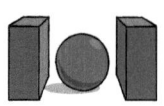

中间

imellem

地点

sted